Impressum
Verlag: BABADADA GmbH, Nedderfeld 112 , 22529 Hamburg
Geschäftsführer / Verlagsleitung: Harald Hof
Druck: Books on Demand GmbH, In de Tarpen 42, 22848 Norderstedt

Imprint
Publisher: BABADADA GmbH, Nedderfeld 112 , 22529 Hamburg, Germany
Managing Director / Publishing direction: Harald Hof
Print: Books on Demand GmbH, In de Tarpen 42, 22848 Norderstedt

xikolo
shule

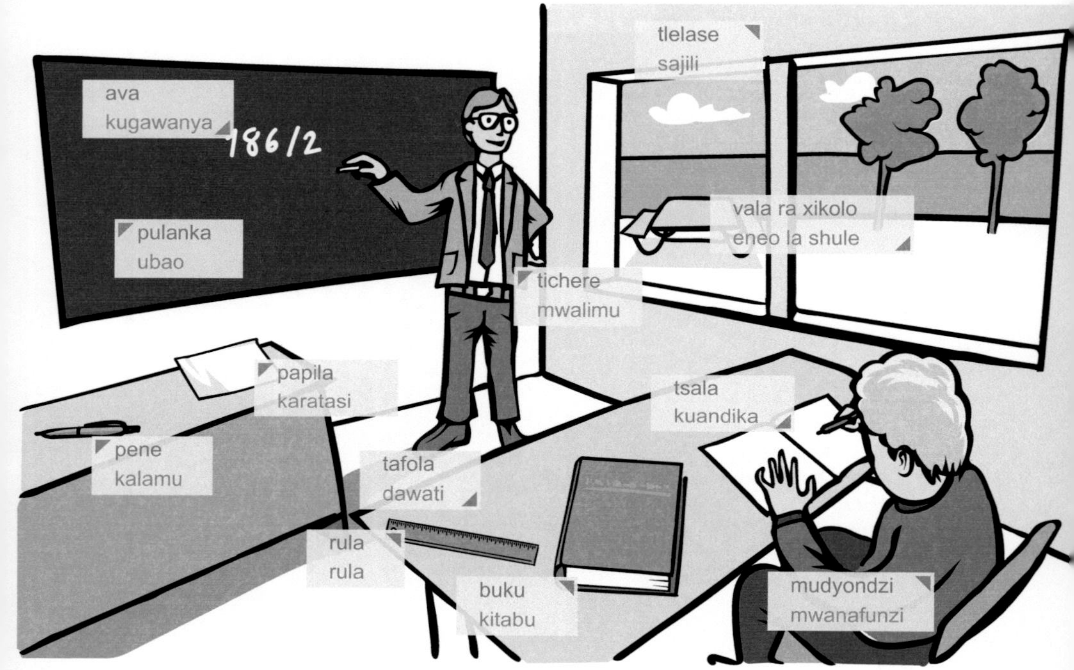
tlelase
sajili
ava
kugawanya
186/2
pulanka
ubao
vala ra xikolo
eneo la shule
tichere
mwalimu
papila
karatasi
tsala
kuandika
pene
kalamu
tafola
dawati
rula
rula
buku
kitabu
mudyondzi
mwanafunzi

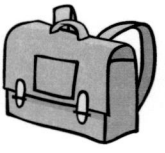

xinkwamana

mkoba

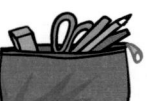

bokisi ra tipensele

kikasha cha penseli

pensele

penseli

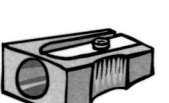

muchini wo vatla tipensele

kichonga penseli

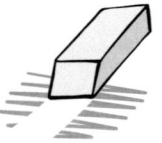

rhaba

mpira

papilo ro dirowa

pedi ya kuchora

xifaniso lexi diroweke

uchoraji

burachi ro penda

brashi ya rangi

bokisi ro penda

sanduku la rangi

xikero

mkasi

xidamarheti

gundi

buku ya xikolo

daftari

ntirho wa le kaya

kazi ya nyumbani

nombhoro

nambari

engeta

jumlisha

susa

ondoa

andzisa

zidisha

hlaya

kokotoa

letere

barua

maletere

alfabeti

rito

neno

rungula

maandishi

hlaya

kusoma

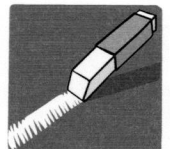

choko

chaki

dyondzo

somo

tsarisa

sajili

xikambelo

uchunguzi

xitifiketi

cheti

swiambalo swa xikolo

sare za shule

dyondzo

elimu

nsonga-vutivi

elezo

univhesiti

chuo kikuu

makhiriskopu

darubini

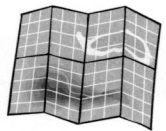

mepe

ramani

xikotela xo lahla maphepha

kikapu cha kuweka karatasi chafu

kufamba
usafiri

hotele
hoteli
Grand
hositele
hosteli
ROOMS
EXCHANGE
ndhawu yo cinca mali
ofisi ya ubadilishanaji
putumendhe
sanduku
movha
gari

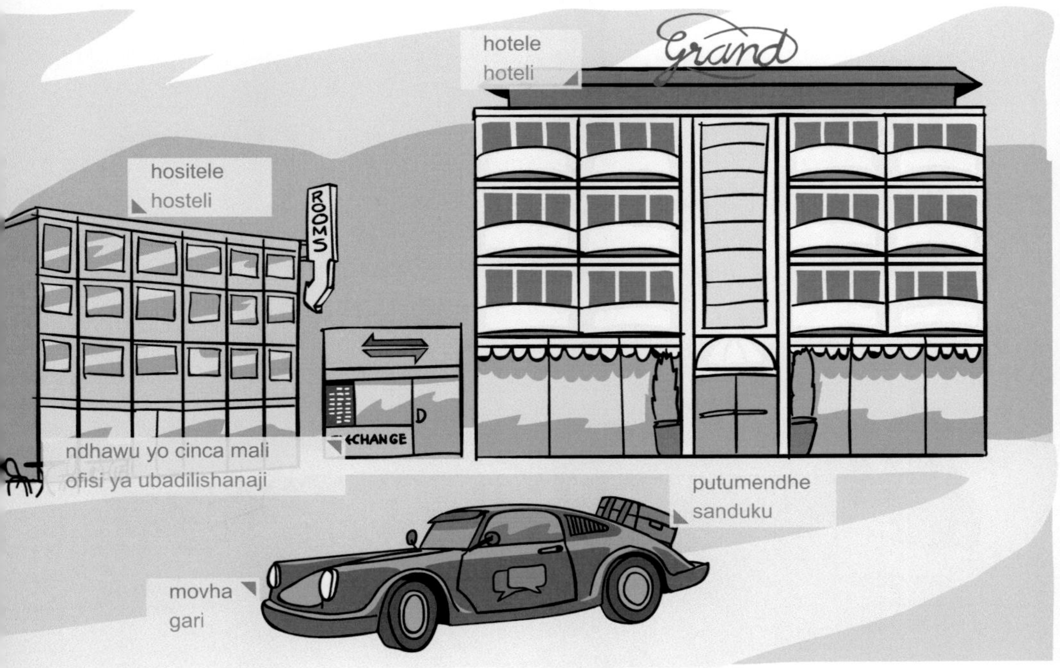

ririmi

lugha

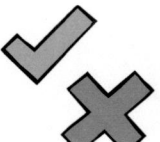

ina / e-e

ndiyo / la

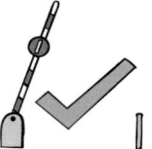

Swikahle

sawa

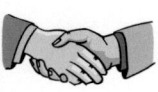

ahe

hujambo

muhundzuluxeri

mtafsiri

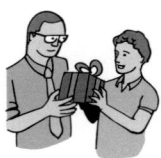

Ndza khensa

Asante

ivungani…?

kiasi gani ni …?

Andzi twisisi

Sielewi

nkinga

tatizo

Riperile!

Jioni njema!

Maxelo ya kahle!

Habari za asubuhi!

Vusiku bya kahle!

Usiku mwema!

sala kahle

kwa heri

nkongomiso

mwelekeo

mindzhwalo

mizigo

nkwama

mfuko

nkwama

shanta

muendzi

mgeni

kamara

chumba

nkwama wo etlela

begi la kulalia

tende

hema

vuxokoxoko bya vaendzi

taarifa ya utalii

ribuwa

ufuo

khadi ra xikweleti

kadi

xifihlulo

kifunguakinywa

swakudya swa ninhlekani

chakula cha mchana

swakudya swa nimadyambu

chakula cha jioni

thikithi

tiketi

kheshe

kuinua

xitempe

muhuri

ndzilakana

mpaka

mikhuva

mila

hovisi ya vuyimeri ya tiko

ubalozi

visa

visa

pasi ro endza

pasipoti

swilo swo famba

usafiri

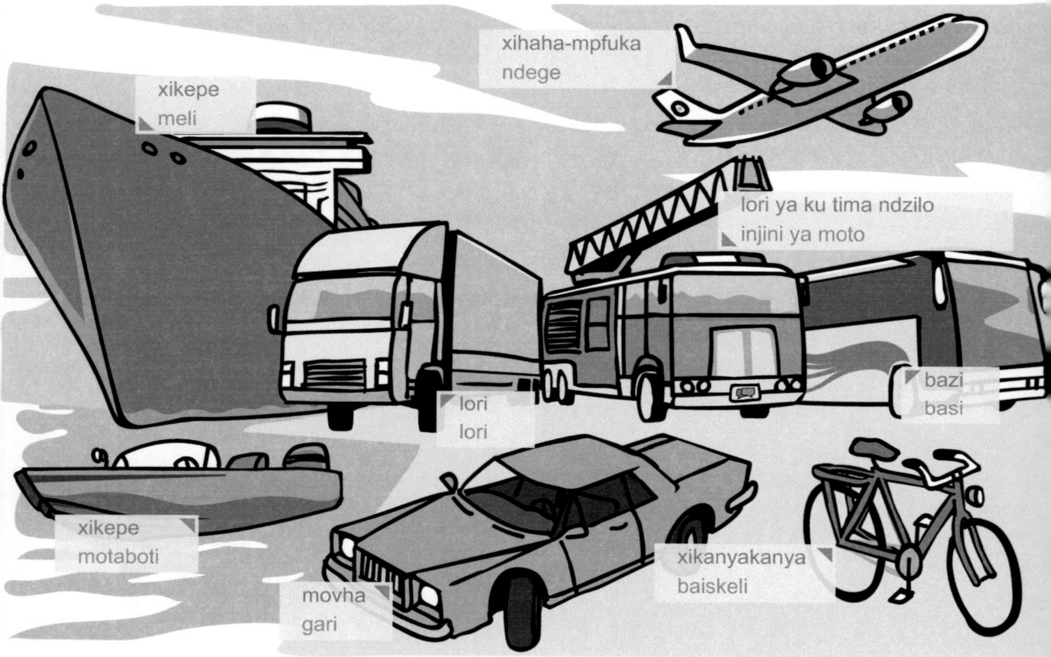
xihaha-mpfuka
ndege
xikepe
meli
lori ya ku tima ndzilo
injini ya moto
lori
lori
bazi
basi
xikepe
motaboti
xikanyakanya
baiskeli
movha
gari

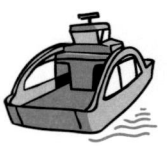

xikepe

feri

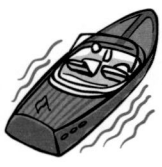

xikepe

mashua

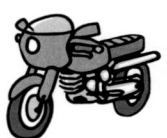

xithuthuthu

pikipiki

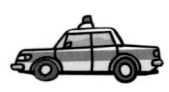

movha wa maphorisa

gari la polisi

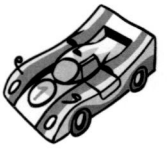

movha wa mphikizano

gari la mashindano

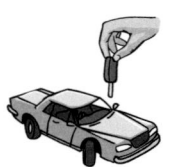

movha yo lombiwa

gari la kukodisha

ku avelana hi movha

kushiriki gari

lori yo koka timovha

lori la kuvuta

lori yo rhwala chaka

ukusanyaji taka

njhini

motor

mafurha

mafuta

ndhawu yo xavisa petirolo

kituo cha mafuta

mpfungo wa le patwini

ishara trafiki

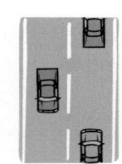

mafambelo ya mimovha

trafiki

ntlimbano wa timovha

msongamano

phaki ya timovha

maegesho

xitichi xa xitimela

kituo cha treni

mintila

reli

xitimela

garimoshi

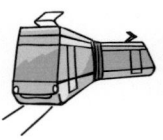

banzi leri fambaka
exiporweni

tremu

kalichi

gari la mizigo

xihaha-mpfuka-phatsa

helikopta

rivala ra siwhaha-mpfuka

uwanja wa ndege

xihondzo

mnara

mukhandziyi

abiria

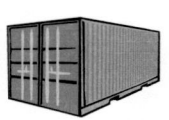

bokisi

chombo

bokisi

katoni

kalichi

mkokoteni

xirhundzi

kikapu

suka / tshama

ondoka

doroba

jiji

muti

kijiji

nkava wa doroba

katikati ya jiji

yindlu

nyumba

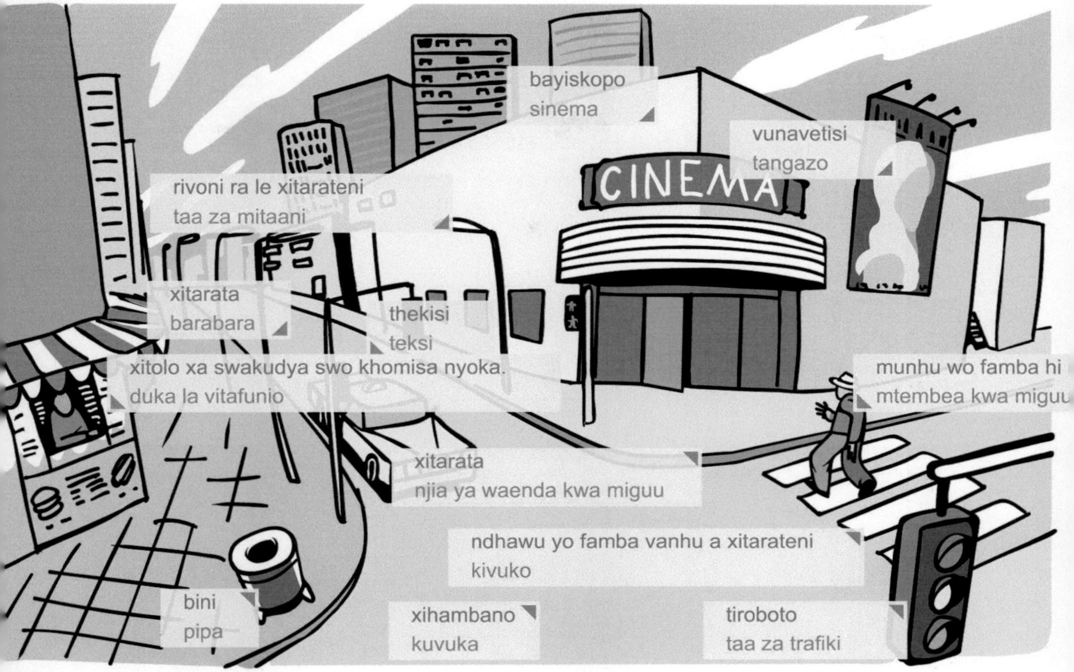

bayiskopo
sinema
vunavetisi
tangazo
CINEMA
rivoni ra le xitarateni
taa za mitaani
xitarata
barabara
thekisi
teksi
xitolo xa swakudya swo khomisa nyoka.
duka la vitafunio
munhu wo famba hi
mtembea kwa miguu
xitarata
njia ya waenda kwa miguu
ndhawu yo famba vanhu a xitarateni
kivuko
bini
pipa
xihambano
kuvuka
tiroboto
taa za trafiki

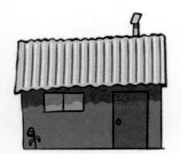

xiyindlwana xa byanyi

kibanda

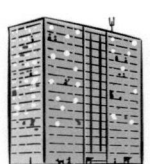

yindlu

gorofa

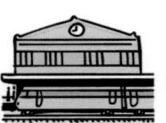

xitichi xa xitimela

kituo cha treni

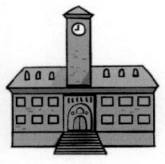

holo ya vanhu

ukumbi wa mji

MUSEUM

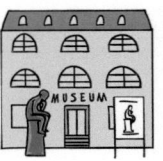

muziyamu

Makavazi

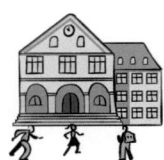

xikolo

shule

univhesiti

chuo kikuu

bangi

benki

xibedlhele

hospitali

hotele

hoteli

xitolo xa miri

duka la dawa

hofisi

ofisi

xitolo xa tibuku

duka la kitabu

xitolo

duka

xitolo xa swiluva

duka la maua

xitolo le xikulu swinene

dukakuu

makete

soko

xitolo le xikulu

idara ya kuhifadhi

xitolo xa tinhlampfi.

mwuza samaki

ndhawu ya switolo

kituo cha ununuzi

hlaluko

bandari

phaka

Hifadhi

bence

benki

buloho

daraja

switepisi

vidato

ehansi ka misava

chini ya ardhi

muhocho

handaki

xitichi xa tibanzi

kituo cha mabasi

barha

bar

rhesiturente

mgahawa

bokisi ra poso

sanduku la posta

mfungho wa xitarata

ishara ya barabara

muchini wa mali ya ku phaka

mita ya maegesho

ntanga wa swiharhi

bustani ya wanyama

damu ro xambela

kidimbwi cha kuogelea

mosque

msikiti

purasi
shamba

nthyakiso
uchafuzi

masirha
makaburini

kereke
kanisa

rivala ra mintlangu
uwanja wa michezo

tempele
hekalu

ndhawu
mazingira

tluka
jani

mfungho wa gondzo
ishara ya mwelekeo

ndlela
njia

byanyi byo tala
malisho

ribye
jiwe

munhu wo khandziya tintshava
mtembeaji wa masafa

murhi
mti

nambu
mto

byanyi
nyasi

xiluva
ua

nkova
bonde

xitsunga
kilima

tiva
ziwa

khwati
msitu

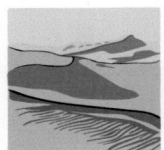

mananga
jangwa

volkheno
volkano

ntsinda
ngome

nkwangulatilo
upinde wa mvua

swikowa
uyoga

murhi wa nchindzu
mtende

nsuna
mbu

haha
kuruka

vusokoti
chungu

nyoxi
nyuki

puma
buibui

xifufunhunu

mende

chele

chura

maxindyana

kuchakuro

nhloni

nungunungu

mfundla

sungura

xikhova

bundi

xinyenyane

ndege

sekwa

swan

ngluve ya nhova

nguruwe mwitu

mhunti

kulungu

mhofu

aina ya kongoni

damu

bwawa

xipelupelu xa moya

tabo ya upepo

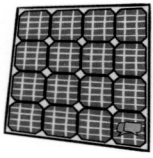

bodo leyi tswongaka kuhisa
ka dyambu

nishaji ya jua

maxelo

hali ya hewa

rhesiturente

mgahawa

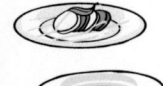

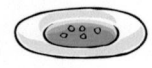

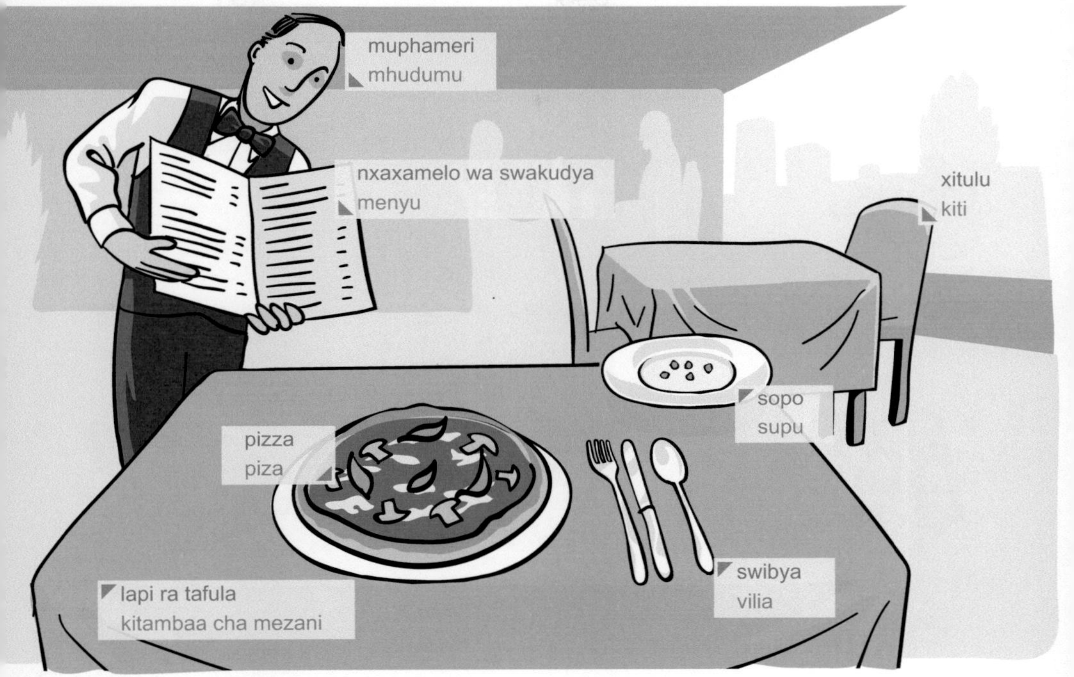

muphameri
mhudumu
nxaxamelo wa swakudya
menyu
xitulu
kiti
sopo
supu
pizza
piza
swibya
vilia
lapi ra tafula
kitambaa cha mezani

swakudya swa ku naveta

kiamsha hamu

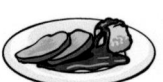

swakudya

kozi kuu

swo rhelerisa

kitindamlo

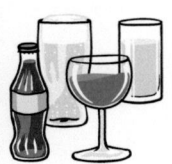

swakunwa

vinywaji

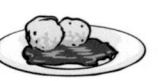

swakudya

chakula

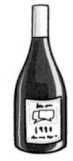

bodlhela

chupa

swakudya swa xihatla

chakula cha haraka

swakudya swa le ndleleni

Streetfood

mbita ya tiya

buli

xibye xa chukela

kisanduku cha sukari

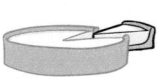

xiphemu

sehemu

muchini wa espresso

mashine ya espresso

xitulu xa le henhla

kiti kirefu

swikweleti

muswada

thireyi

trei

mukwana

kisu

foroko

uma

lepula

kijiko

xilepulana

kijiko cha chai

phepha ro sula nomu

nepi

nghilazi

glasi

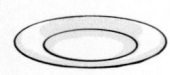

pleti

sahani

pleti ya sopo

sahani ya supu

sosara

sufuria

murhu

mchuzi

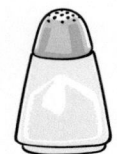

xilo xo chele munyu

kichanyaji chumvi

xilo xo gaya

kinu cha pilipili

vhiniga

siki

mafurha

mafuta

swinyunyeteri

viungo

ketchup

kechapu

mustard

haradali

mayonasi

kachumbari nzito

xitolo le xikulu swinene

dukakuu

nyiko yo hlawuleka
ofa maalum
muxavi
mteja
ntsamba
maziwa
mihandzu
matunda
xikocikara
toroli
FOR

BUTCHERS

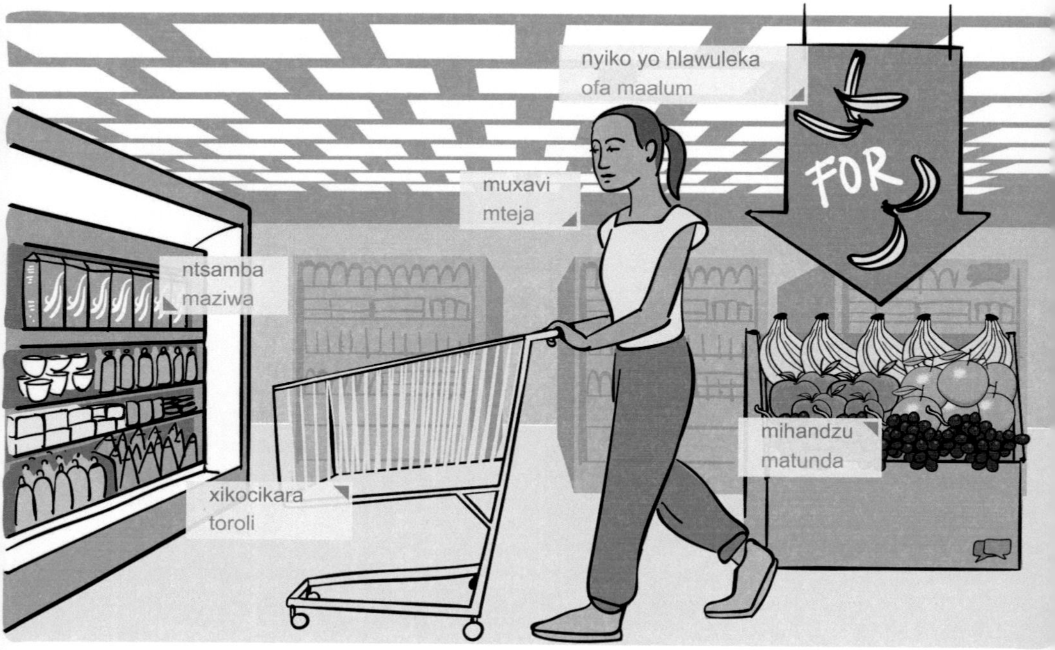

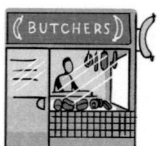

buchara

mchinjaji

BAKERY

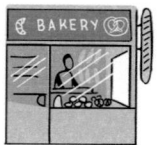

bekari

mwokaji

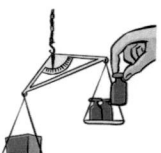

ringanyeta

uzito

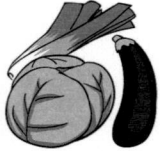

swimila

mboga

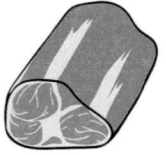

nyama

nyama

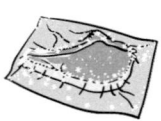

swakudya swo titimela

chakula waliohifadhiwa

nyama

vipande vya nyama baridi

swakudya leswi nga thinini

chakula cha kopo

mapa yo hlanswa

sabuni ya unga

malekere

pipi

switirhisiwa swa le ndlwini

bidhaa za kaya

swilo swo basisa

bidhaa za kusafisha

munhu wo xavisa

mtu mauzo

thili

mpaka

muamukeli wa timali

keshia

nxaxamelo wa swo xaviwa

orodha ya manunuzi

nkarhi wa ku tirha

masaa ya ufunguzi

nkwama wa mali

mkoba

khadi ra xikweleti

kadi

nkwama

mfuko

nkwama wa pulasitiki

mfuko wa plastiki

mati

maji

ntsutsu

sharubati

meleke

maziwa

coke

coke

vhinyo

mvinyo

byalwa

bia

byala

pombe

cocoa

kakao

tiya

chai

kofi

kahawa

espresso

spreso

cappuccino

kapuchino

banana

ndizi

apula

tufaha

lamula

machungwa

kalabatla

tikiti

swiri

lemon

kherotsi

karoti

swinyalana

kitunguu saumu

musengele

mianzi

nyala

kitunguu

swikowa

uyoga

timanga

karanga

makaroni ya nyama

nudo

spaghetti

spageti

rhayisi

mpunga

saladi

saladi

machipisi

vibanzi

nhlata wo katingiwa

viazi vya kukaanga

pizza

piza

hamburger

hambaga

xinkwa

sandwichi

cutlet

kipande

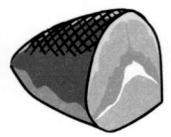

ham

paja la mnyama

salami

salami

soseji

soseji

huku

kuku

katinga

choma

hlampfi

samaki

oats

oats ya uji

muesli

muesli

rivele-ndzoho

cornflakes

filawa

unga

bantsi

kroisanti

xinkwa

andazi

xinkwa

mkate

xinkwa xo oxiwa

mkate wa kubanika

makokisi

biskuti

botere

siagi

ribomba ra tswamba

maziwa mgando

khekhe

keki

tandza

yai

matandza lama katingiweke

yai kukaanga

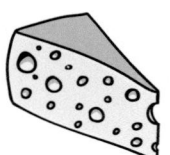

chizi

jibini

ayisi khrimi

aiskrimu

chukela

sukari

vulombe

asali

jamu

jemu

botere ya chokoleti

kuenea kwa chokoleti

curry

mchuzi wa viungo

purasi
shamba

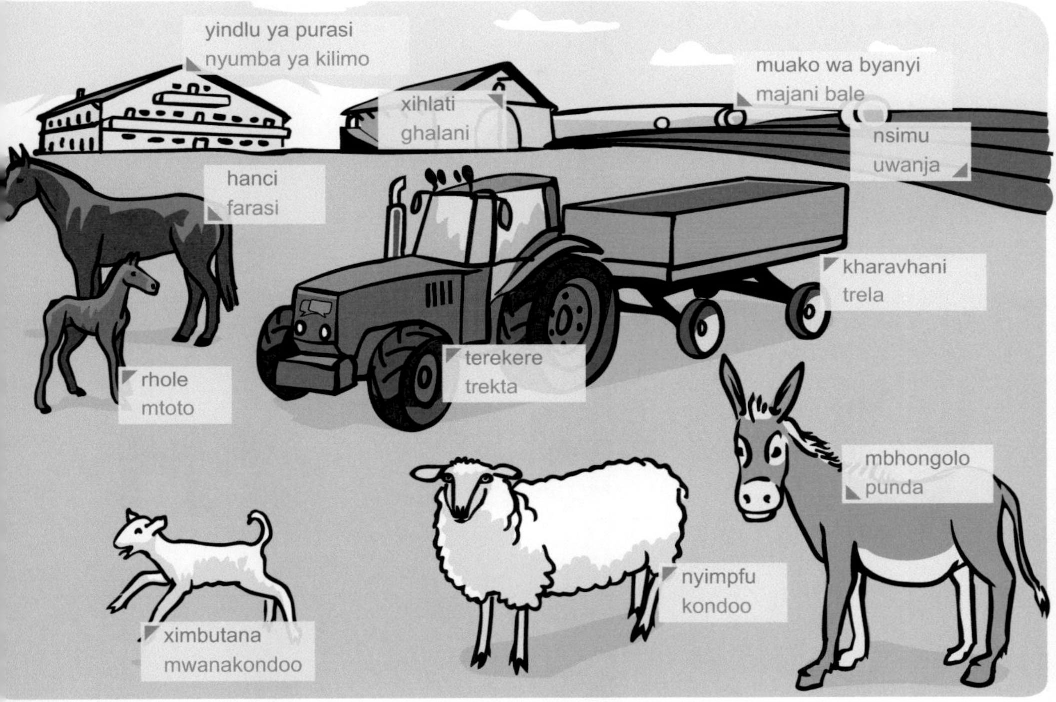
yindlu ya purasi
nyumba ya kilimo
muako wa byanyi
majani bale
xihlati
ghalani
nsimu
uwanja
hanci
farasi
kharavhani
trela
terekere
trekta
rhole
mtoto
mbhongolo
punda
nyimpfu
kondoo
ximbutana
mwanakondoo

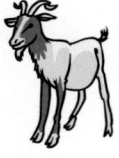

mhunti

mbuzi

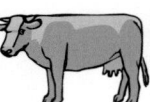

homu

ng'ombe

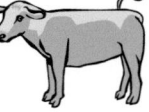

rhole

ndama

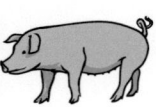

nguluve

nguruwe

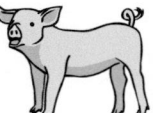

xingulubyana

mwananguruwe

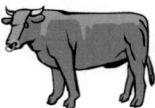

nkuzi

fahali

sekwa

batabukini

sweka

bata

xikukwana

kifaranga

mbhaha

kuku

nkuku

jogoo

kondlo

panya

ximanga

paka

kondlo

panya

homu

ng'ombe

mbyana

mbwa

yindlu ya mbyana

nyumba ya mbwa

payipi ya mati

bomba la bustani

xilo xo chelela mati

debe la kumwagilia maji

nsimbi yo tsema

fyekeo

xikomu

kulima

sikele

mundu

xikomu

jembe

foroko le yikulu

uma wa nyasi

xihloka

shoka

bara

toroli

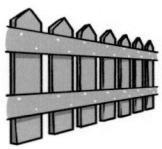

xitsengele

kupitia nyimbo

xilo xo chela ntswamba

chombo cha maziwa

saka

gunia

rirhangu

ua

xivala

imara

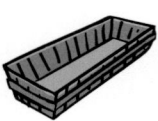

yindlu ya vuhlayiselo bya
swimilana

chafu

misava

udongo

mbewu

mbegu

swinonisi

mbolea

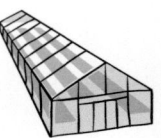

muchini wa ku tshovela

kivunaji

tshovela

mavuno

ntshovelo

mavuno

mintsumbula

viazi vikuu

koroni

ngano

tinyawa

soya

nhlata

viazi

koroni

mahindi

rapeseed

rapa

nsinya wa mihandzu

mti wa matunda

ntsumbula

muhogo

swakudya swa tidzoho

nafaka

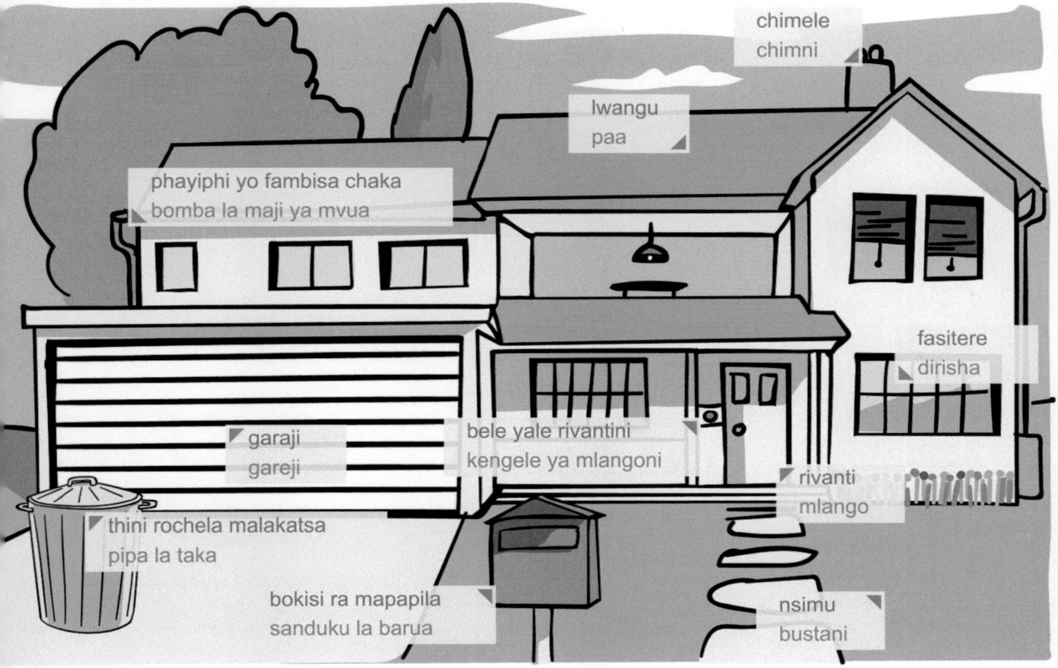

chimele
chimni

lwangu
paa

phayiphi yo fambisa chaka
bomba la maji ya mvua

fasitere
dirisha

garaji
gareji

bele yale rivantini
kengele ya mlangoni

rivanti
mlango

thini rochela malakatsa
pipa la taka

bokisi ra mapapila
sanduku la barua

nsimu
bustani

kamara ro tshama

sebuleni

kamara yo hlambela

bafu

khishini

jikoni

kamera ro etlela

chumba cha kulala

kamana ya vana

chumba ya mtoto

ndhawu yo dyela

chumba cha kulia

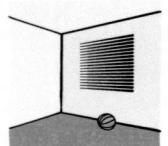

ehansi

sakafu

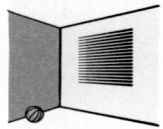

khumbi

ukuta

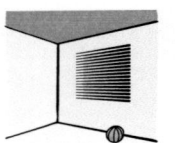

silingi

dari

kamera ra le hansi

pishi

phungula

sauna

rikupakupa

roshani

tshala

mtaro

damu

kidimbwi

muchini wo tsema byanyi

mashine ya kukata nyasi

nkumba

karatasi

swo andlalela mubedo

kitambaa cha kupamba
kitanda

mubedo

kitanda

nkukulu

ufagio

bakiti

ndoo

swichi

kubadili

kamara ro tshama
sebuleni

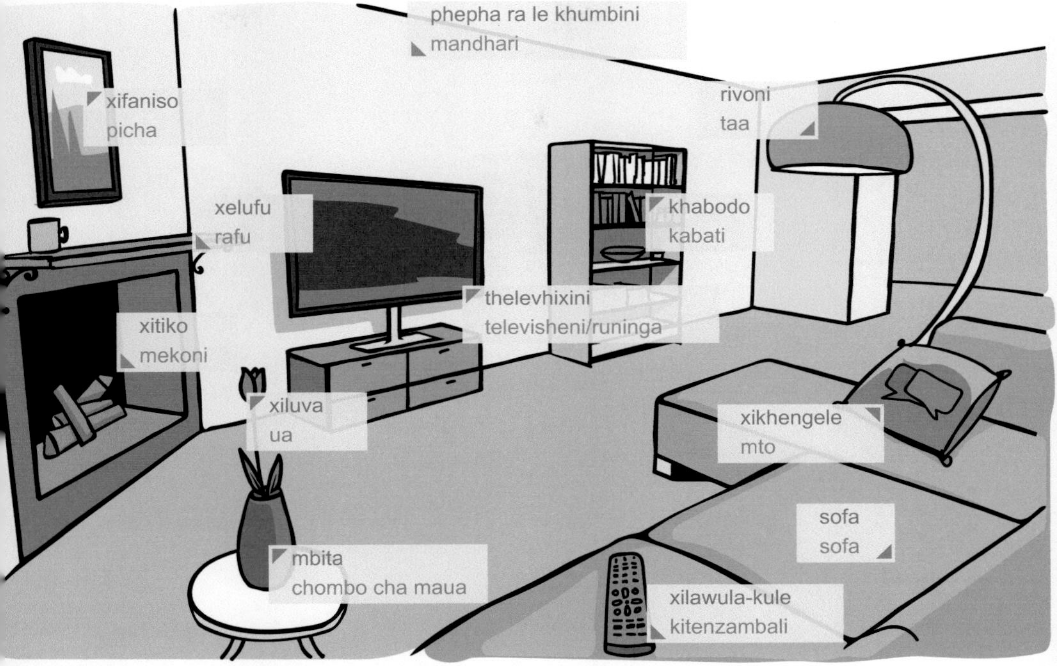
phepha ra le khumbini
mandhari
xifaniso
picha
rivoni
taa
xelufu
rafu
khabodo
kabati
thelevhixini
televisheni/runinga
xitiko
mekoni
xiluva
ua
xikhengele
mto
sofa
sofa
mbita
chombo cha maua
xilawula-kule
kitenzambali

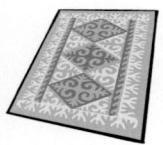

khapete

zulia

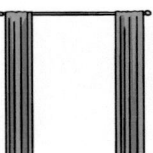

khethenisi

pazia

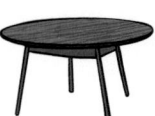

tafula

meza

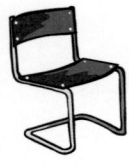

xitulu

kiti

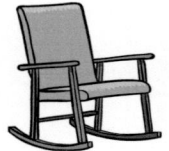

xitulu xo mbuwetela

kiti cha bembea

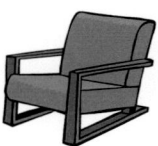

xitulu xo tlhandleka mavoko

armchair

buku
kitabu

nkumba
blanketi

nkhaviso
mapambo

tihunyi
kuni

filimi
filamu

muchini wa hi-fi
kifaa cha hi-fi

xinotlelo
ufunguo

phepha-hungu
gazeti

xifaniso lexi vatliweke
uchoraji

bodo ya xifaniso
bango

xiya-ni-moya
redio

buku yo tsala tinhla
daftari

hoover
kifyonza

xiluva xa cactus
dungusi kakati

khandlela
mshumaa

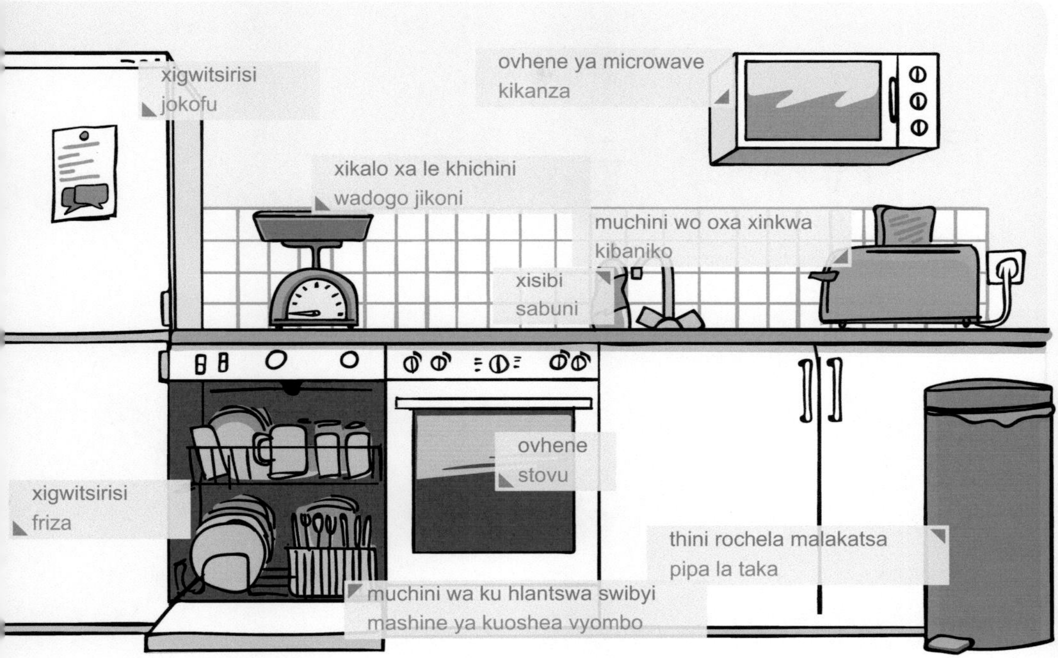

xigwitsirisi
jokofu

ovhene ya microwave
kikanza

xikalo xa le khichini
wadogo jikoni

muchini wo oxa xinkwa
kibaniko

xisibi
sabuni

ovhene
stovu

xigwitsirisi
friza

thini rochela malakatsa
pipa la taka

muchini wa ku hlantswa swibyi
mashine ya kuoshea vyombo

mosweki

jiko la kupika

poto

chungu

poto ra nsimbi

sufuria ya chuma

mbita yo swekela / kadai

wok / kadai

pani

kaango

ketlele

birika

xo sweka hi nkahelo

stima

thireyi ya ku baka

sinia ya kuoka

swibya

vyombo vya udongo

xikomichana

kombe

ximbitana

bakuli

ti-chopstick

vijiti vya kulia

xipunu

ukawa

spatula

mwiko mpana

muchini wo hlanganisa

burashi

sefo

kichujio

xisefo

chujio

xilo xo tsemelela

mbuzi

xibye

chokaa

nyama yo oshiwa

barbeque

ndzilo

moto wazi

bodo ya ku tsemelela

ubao wa majaribio

mhandzi yo andlala fulawa

kijiti cha kusukuma unga

xo pfula mabodlhela

kizibuo

thini

kopo

xo pfula mathini

inaweza kopo

xo khoma poto

kishikio cha chungu

zinki

karo

buracha

brashi

xiponci

sifongo

xilo lexi hlanganiselaka

kisagaji matunda

xigwitsirisi

friji ya kina

bodlhela ra n'wana

chupa ya mtoto

pompi

bomba

kamara yo hlambela

bafu

kukufumeta
joto
thawula
taulo
shawara
mfereji wa kuogea
khethenisi ra shawara
pazia la kuogea
xisibi xo hlambela a bavhini
maji ya kuoga yenye povu
bavhu
hodhi
nghilazi
glasi
muchini wa ku hlantswa
mashine ya kuosha
pompi
bomba
tithayilisi
vigae
xihambukelo
poti
zinki
karo

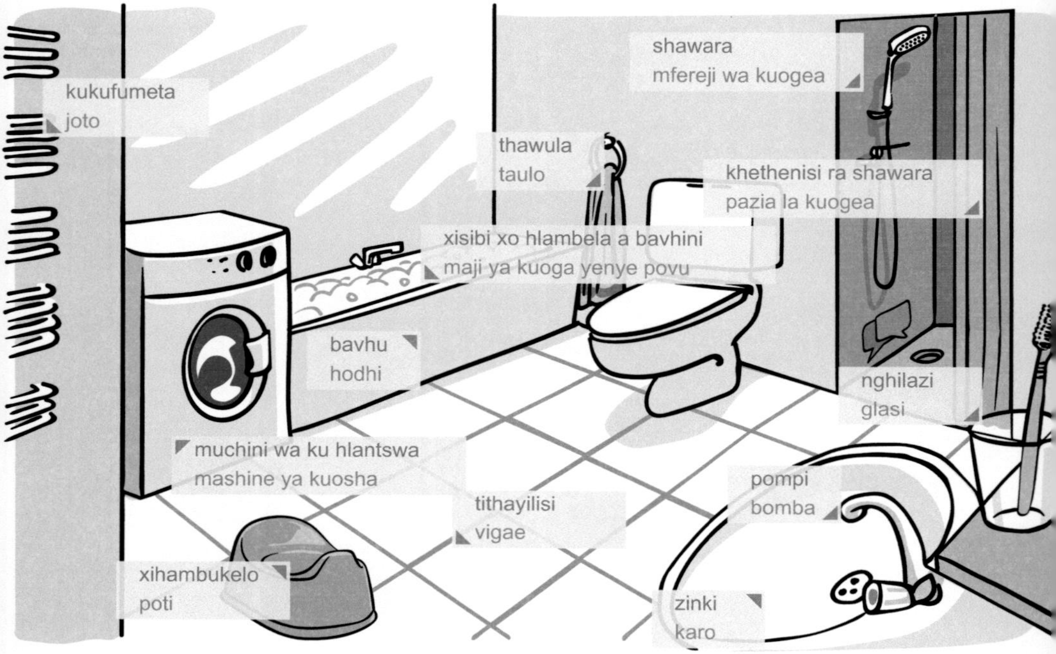

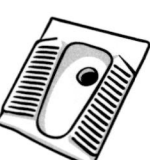

xihambukelo

choo

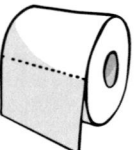

xihambukelo

choo cha squat

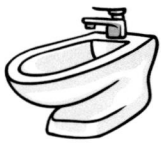

bidet

beseni la mviringo

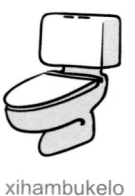

ndhawu yo tsakamisela

choo cha umma

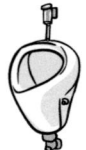

papila ra xihambukelo

shashi

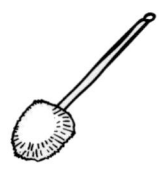

burachi bya xihambukelo

brashi ya choo

burachi bya meno

mswaki

xisibi xa meno

dawa ya meno

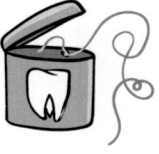

xo basisa exikarhi ka meno

dawa ya meno

hlamba

safisha

xawara yo khomiwa hivoko

kuoga mkono

douche

msukumo wa maji

xihlambelo

bonde

buracha ra nhlana

mpako wa pili

xisibi

sabuni

xisibi xa xawara

jeli ya kuogea

shampoo

shampuu

swilapana

flana

xinambyana

toa maji

rivomba

krimu

xinhuherisi

kiondoa harufu

xivoni

kioo

xivoni xo khomiwa hivoko

kioo mkono

rikarhi

kinyozi

xisibi so susa malevu

povu la kunyoa

mafurha ya kutola loku u
heta ku tsemeta malevu

baada ya kunyoa

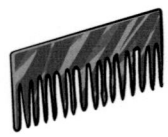

kama

kichana

buracha

brashi

muchini wo omisa mosisi

kikausha nywele

mafurha yo tola mosisi

marashi ya nyewele

xo tisasekisa

vipodozi

xotota nomo

kidomwa

xo tota minwala

varnish ya msumari

kotoni

pamba

xo tsema minwala

mkasi wa kucha

xinhuherisi

manukato

nkwama wa le
xihambukelweni

mkoba wa kuosha

nchuluko

kinyesi

xikalo

mizani

nguvu yo hlamba

nguo ya kuoga

tiglovhu ta raba

glavu za mpira

tampon

kisodo

thawula ra ku basisa

sodo

xihambukelo xa le handle

kemikali choo

kamana ya vana
chumba ya mtoto

alamu ya wachi
saa ya kengele
xo tlanga sa ku etlela
kidoli cha kupakata
movha ya ku tlangisa
gari bandia
xokocokoco
kelele
yindlu ya swipopana
chumba cha midoli
nyiko
sasa

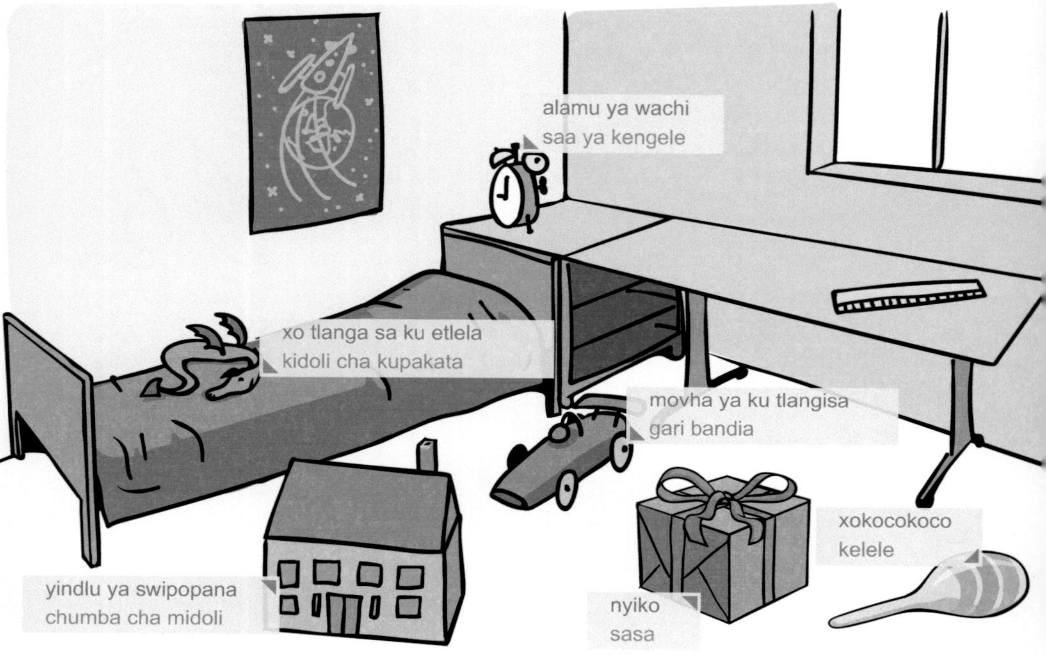

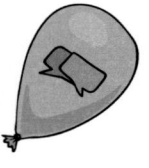

baluni
baluni

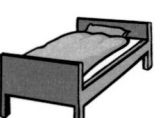

mubedo
kitanda

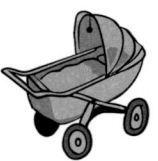

pureme
mashua

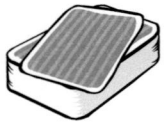

makhadi
staha ya kadi

jigsaw
mchezo-fumb

SUPER MEGA
khomiki
vichekesho

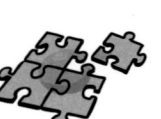

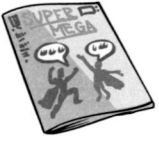

switina swa lego

matofali lego

swiaki

vitalu mwigo

xo tlanga xa vana

hatua takwimu

swiambalo swa nwana

suti ya kulalia

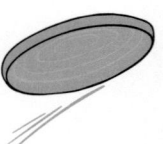

Frisbee

kisahani

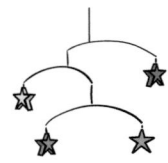

mobile

simu

ntlango wa le bodweni

ubao wa michezo

dayisi

kete

xitimela xo tlanga

garimoshi mwigo

xo tlangisa vana

dummy

nkhuvo

chama

buku ya swifaniso

picha kitabu

bolo

mpira

xipopana

kikaragosi

tlanga

kucheza

khele ra sava

shimo la mchanga

muchinginya

bembea

swilo swo tlangisa

vitu bandia

mintlango ya vhidiyo

kiweko cha video ya mchezo

xithuthuthu xa mivhilwa manharhu

baiskeli ya magurudumu

tibere to tlangisa

mwanasesere

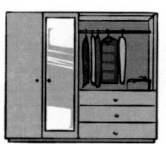

wadirobo

kabati

matatu

masokisi

soksi

masokisi

stokingi

buruku byo tlimba

kibano

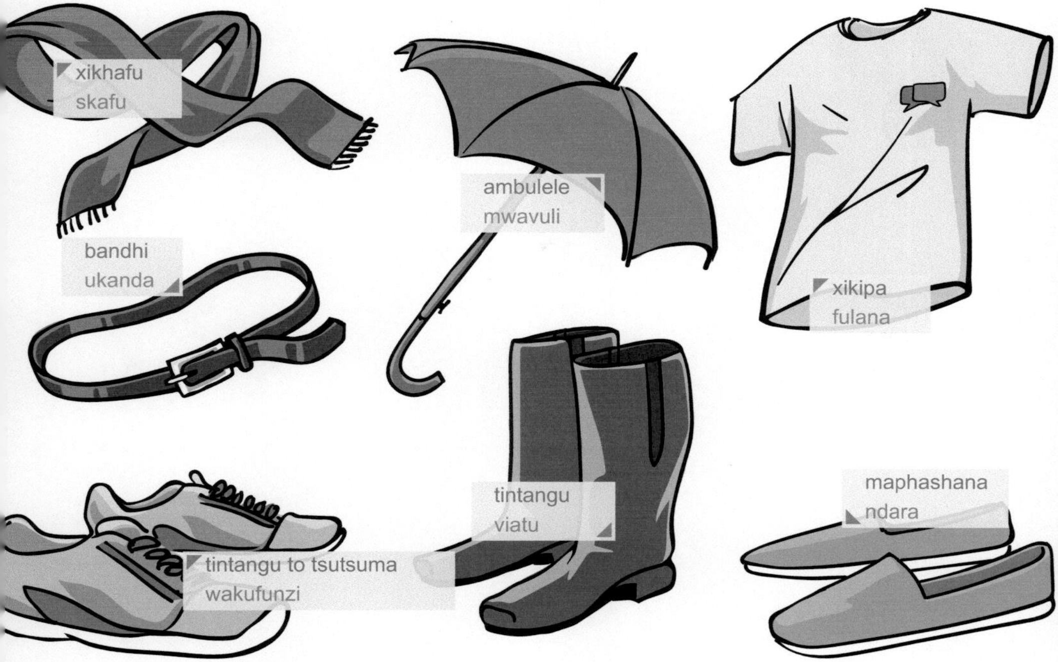

xikhafu
skafu

ambulele
mwavuli

xikipa
fulana

bandhi
ukanda

tintangu
viatu

maphashana
ndara

tintangu to tsutsuma
wakufunzi

maphashana
malapa

tintangu
viatu

majombo ya raba
mabuti ya mpira

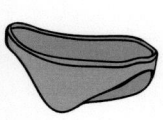

maburuko ya le ndzeni
suruali ya ndani

bodi
sidiria

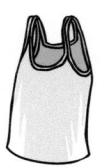

xikipa xa le ndzeni
fulana

miri

mwili

maburuko

suruali

bokati

dangirizi

xiketi

sketi

bulawusi

blauzi

hembe

shati

jesi

vuta

jazi ro fingeneta nhloko

sweta

buleyizara

bleza

baji

jaketi

nghuvo

koti

jazi rampfula

koti la mvua

swiambalo

maleba

swiambalo

gauni

rhoko ya mucato

mavazi ya harusi

sudu

suti

xiambalo xo etlela

vazi la usiku

swi ambalo swo etlela

pajama

sari

sari

xikhafu

skafu

duku

kilemba

burqa

burka

swi ambalo

kaftan

abaya

abaya

swiambalo swo hlambela

vazi la kuogelea

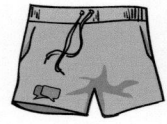

maburuko ya le ndzeni

vazi la kiume la kuogelea

buruku ro koma

kaptura

tracksuit

teitei

fasikoti

aproni

maglilavhu

glavu

kunupu

kifungo

manghilazi ya mahlo

glasi

sindza

bangili

vuhlalu

mkufu

xingwaxila

pete

vo sasekisa tindleve

herini

kepisi

kofia

hangara ya nghuvo

kiango cha koti

xigqoko

kofia

thayi

tai

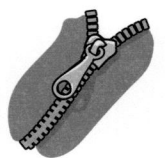

zipi

zipu

xihuku

kofia

minxongotelo

kanda za suruali

swiambalo swa xikolo

sare za shule

yunifomo

sare

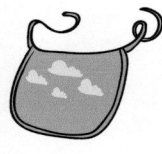

bibi

bibu

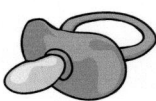

xo tlangisa vana

dummy

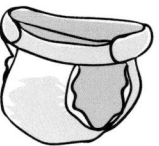

leyiri

nepi

hofisi
ofisi

server
seva
khabodo yo beka tifayili
kabati la kuweka faili
papila
karatasi
muchini wa ku kandziyisa
kichapishaji
xikirini
kiwambo
mouse
kipanya
tafola
dawati
xilo xo veka swiphephana
folda
keyboard
kibodi
ela xo lahla maphepha
u cha kuweka karatasi chafu
khompyuta
kompyuta
xitulo
kiti

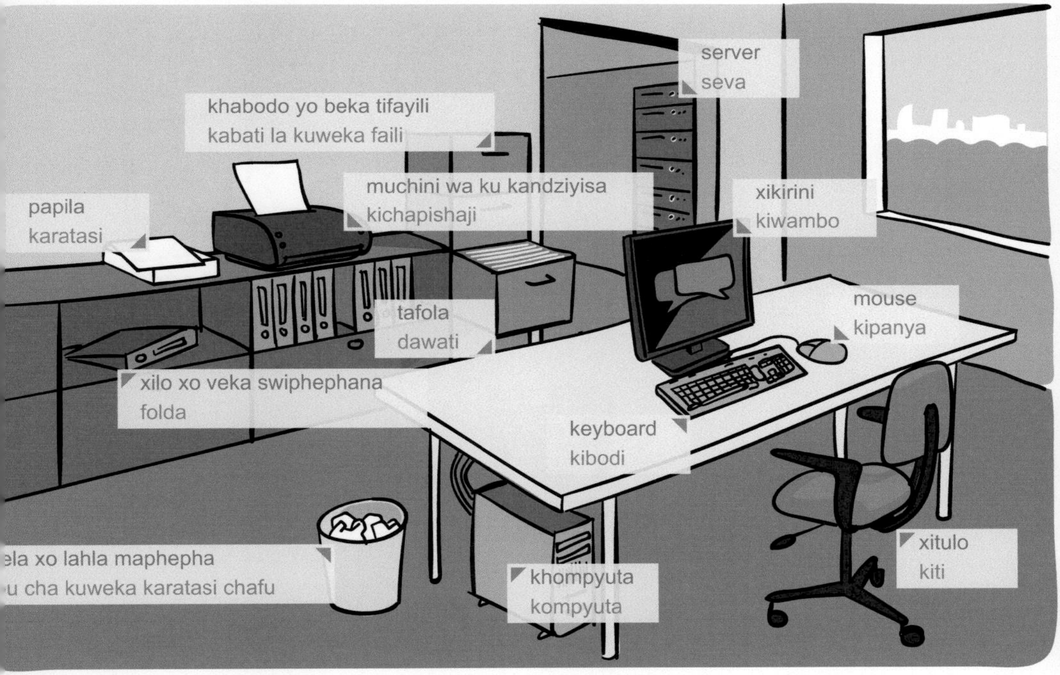

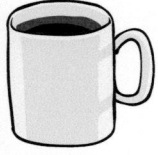

bikiri ra kofi

kmobe la kahawa

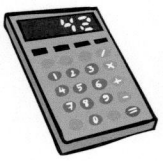

muchini wo hlaya

kikokotoo

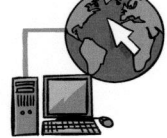

internet

biashara

laptop

mbali

papila

barua

rungula

ujumbe

foni

rununu

network

intaneti

muchini wo endla tikopi

fotokopia

progreme ya khompyuta

programu

riqingho

simu

pulagi ya gezi

soketi

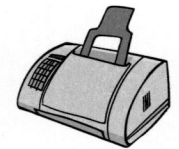

muchini wo rhumela rungula

kipepesi

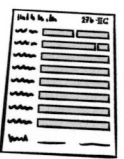

fomo

fomu

papila

hati

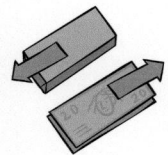

xava

kununua

hakela

kulipa

xavisa

biashara

mali

fedha

dolara

dola

euro

yuro

yen

yeni

rouble

rouble

Swiss franc

faranga ya Uswisi

renminb yuan

renminbi yuan

rupee

rupia

muchini wa mali

eneo la kulipia

ndhawu yo cinca mali

ofisi ya ubadilishanaji

nsuku

dhahabu

silivhere

fedha

mafurha

mafuta

matimba

nishati

hakelo

bei

ntwanano

mkataba

xibalo

kodi

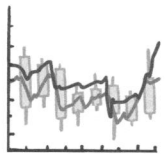

nundzu ya timali

bidhaa

tirha

kazi

mutirhi

mfanyakazi

mothorhi

mwajiri

fektri

kiwanda

xitolo

duka

mintirho
kazi

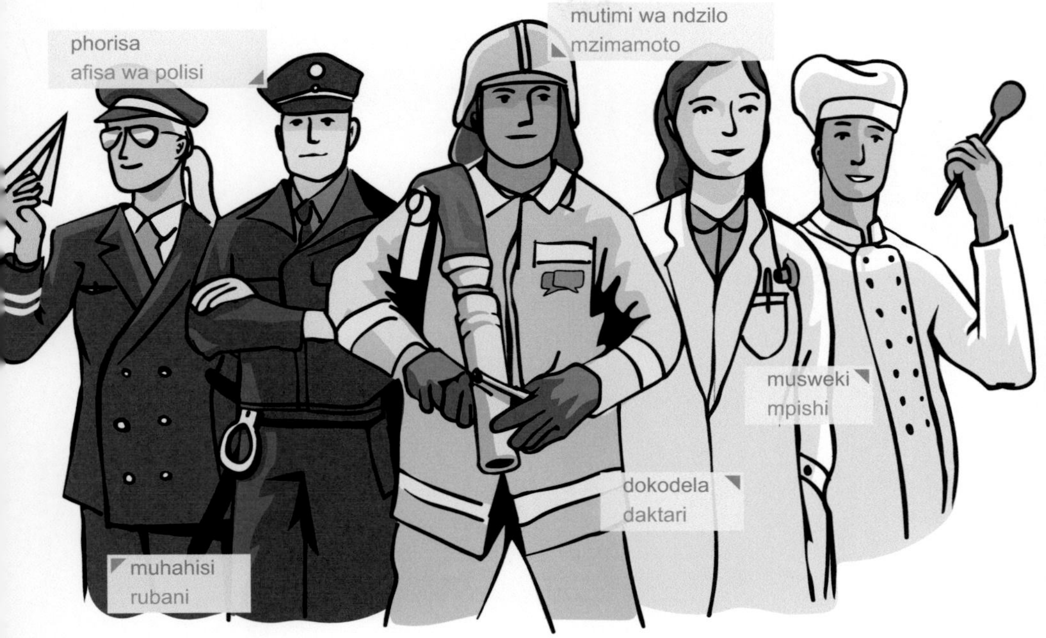

phorisa
afisa wa polisi
mutimi wa ndzilo
mzimamoto
musweki
mpishi
dokodela
daktari
muhahisi
rubani

muhlayi wa ntanga

mtunza bustani

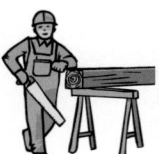

muvatli

seremala

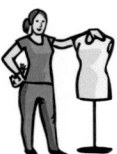

murungi

mshonaji

muavanyisi

hakimu

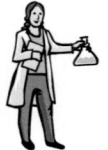

xitshunguri

mwanakemia

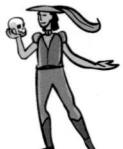

mutlangi

muigizaji

muchaeri wa tibazi

dereva wa basi

muchayeri wa thekisi

dereva wa teksi

muphasi wa tinhlampfi

mvuvi

wansati wa ku basisa

mwanamke wa kusafisha

mufuleri

mwezekaji

muphameri

mhudumu

muhloti

mwindaji

mupendi

mchoraji

mubaki

mwokaji

mutivi wagezi

umeme

muaki

mjenzi

munjiniyara

mhandisi

muxavisi wa nyama

mchinjaji

muplambara

fundi bomba

muheleketi wa poso

mwanaposta

socha
mwanajeshi

mumpfampfarhuti
msanifu majengo

muamukeli wa timali
keshia

muxavisi wa swiluva
muuza maua

mululamisi wa misisi
msusi

mufambisi
kondakta

munhu wo lungisa timovha
mekanika

mulawuri
nahodha

dokotela wa matinho
daktari wa meno

mutivi wa sayensi
mwanasayansi

mufundisi
rabbi

murhangeri
imamu

nghwendza
mtawa

mfundisi
kasisi

switirhisiwa

zana

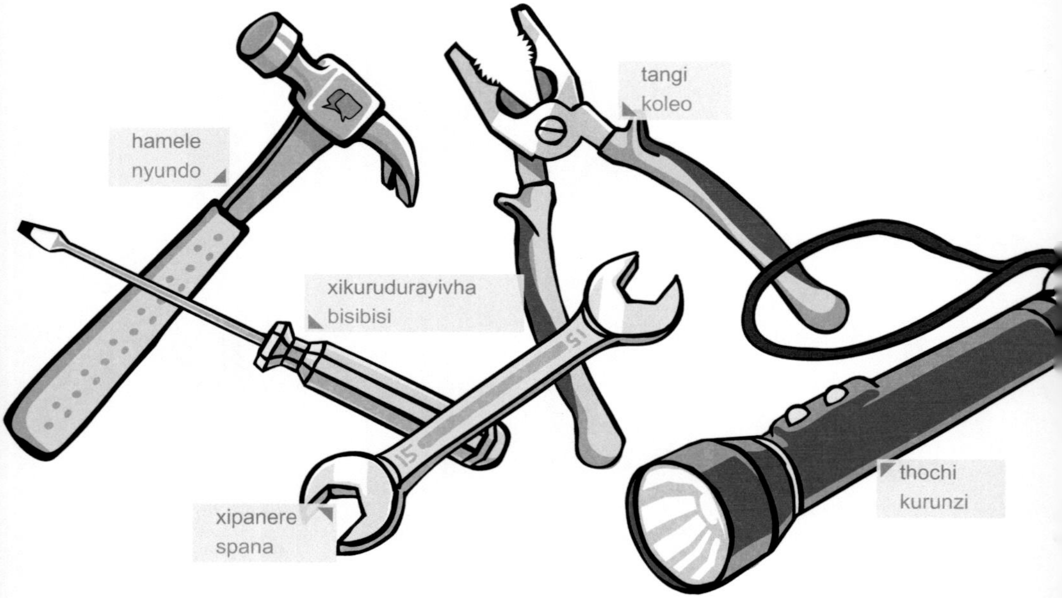

hamele
nyundo
tangi
koleo
xikurudurayivha
bisibisi
xipanere
spana
thochi
kurunzi

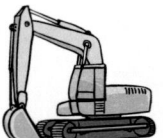

muchini wo cela

mchimbaji

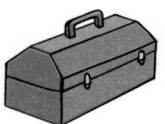

bokisi ra switirhisiwa

sanduku la vifaa

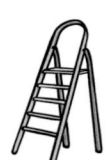

xitepisi

ngazi

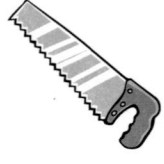

saha

msumeno

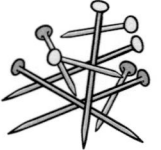

swipikiri

misumari

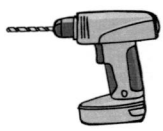

muchini wo boxa

kuchimba visima

lunghisa

kukarabati

foxolo

sepetu

Thyaka!

Lo!

nchumu wo susa ritshuri

kishikio cha uchafu

mbita ya pende

chungu cha rangi

bawuti

skurubu

swichayachayana
ala za muziki

swigubu
mpangilio wa ngoma

xikurisa-mpfumawulo
spika

katara
gita

double bass
besi mara mbili

mhalamhala
tarumbeta

piyano

piano

violin

fidla

bass

ubeji

timpani

timpani

xigubu

ngoma

keyboard

kibodi

saxophone

saksafoni

xitiringo

filimbi

xikurisa-marito

maikrofoni

swichayachayana - ala za muziki

ntanga wa swiharhi
bustani ya wanyama

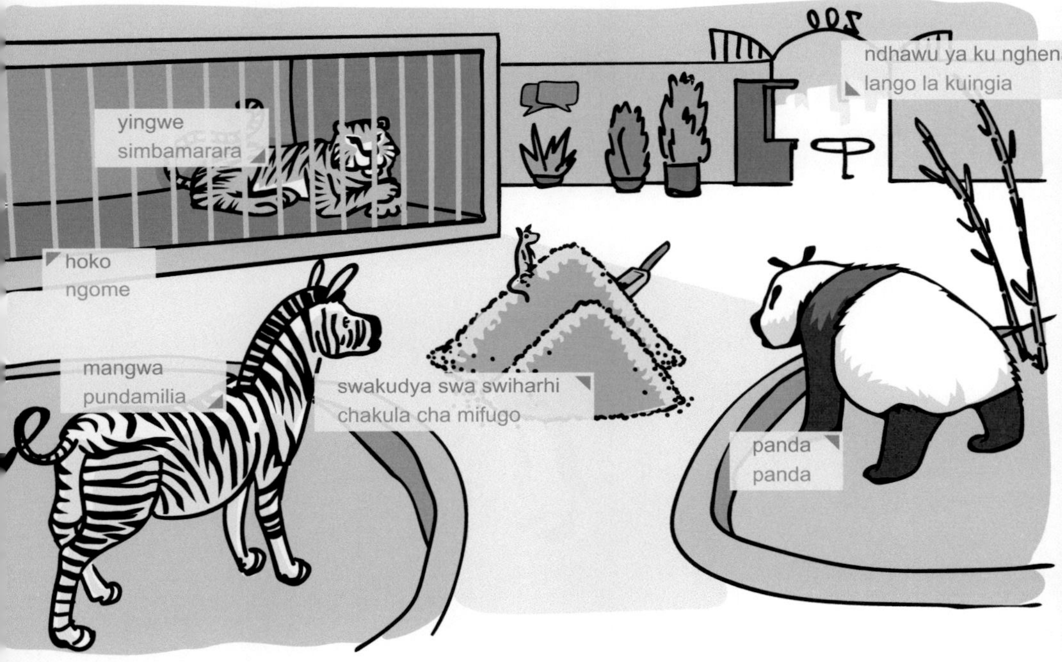

ndhawu ya ku nghena
lango la kuingia
yingwe
simbamarara
hoko
ngome
mangwa
pundamilia
swakudya swa swiharhi
chakula cha mifugo
panda
panda

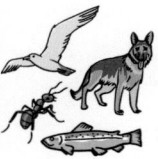

swiharhi
wanyama

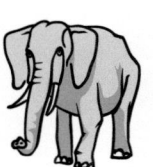

ndlopfu
tembo

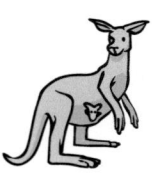

xinjhenghwe
kangaruu

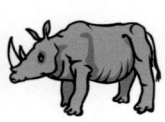

mhelembe
kifaru

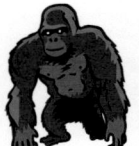

gorila
sokwe

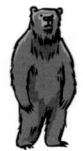

bere
dubu

kamela

ngamia

yintsha

mbuni

nghala

simba

nkawu

tumbili

flamingo

heroe

hokwe

kasuku

bere

dubu

penguin

penguini

shaka

papa

hanti

tausi

nyoka

nyoka

ngwenya

mamba

muhlayisi wa mintanga ya
swiharhi

mtunza wanyama

seal

muhuri

jaguar

jaguar

hanci

mwanafarasi

yingwe

chui

mpfuvu

kiboko

nhutlwa

twiga

gama

tai

ngluve ya nhova

nguruwe mwitu

hlampfi

samaki

mfutsu

kobe

nyimpfu ya le lwandle

sili

mhungubye

mbweha

mhala

paa

bolo ya le Amerika
soka ya marekani

kufamba hi xi kanyakanya
uendeshaji baiskeli

tennis
tenisi

basketball
mpira wa kikapu

kuhlambela
kuogelea

ntlango wa ku bana
ndondi

khororo ya le ayisini
magongo ya barafuni

bolo
soka

badminton
vinyoya

mintlango
riadha

bolo ya mavoko
mpira wa mikono

kureta e gambokweni
skii

polo
polo

mintirho
shughuli

hleka
cheka
tlula
kuruka
angara
kumbatia
famba
kutembea
yimbelela
kuimba
lora
ota ndoto
khongela
kuomba
ntswontswa
busu

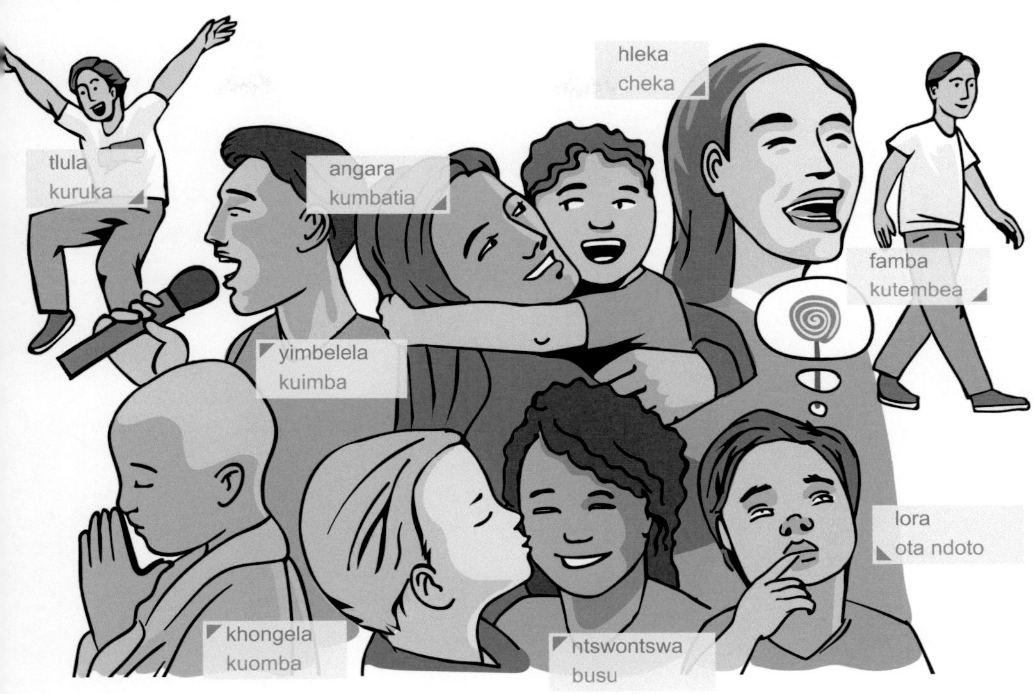

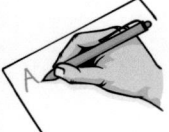

tsala
kuandika

dirowa
kuteka

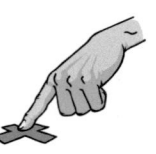

komba
angalia

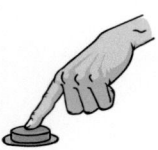

dlidlimeta
sukuma

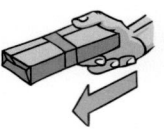

nyika
kutoa

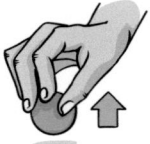

teka
kuchukua

yi va

kuwa

endla

fanya

ku va

kuwa

yima

kusimama

tsutsuma

kukimbia

koka

vuta

lahlela

kutupa

wana

kuanguka

hemba

hadaa

rindza

kusubiri

rhwala

kubeba

tshama

kukaa

ambala

vaa nguo

tlela

usingizi

pfuka

kuamka

languta

kuangalia

rila

lia

bana

kiharusi

kama

chana nywele

vulavula

ongea

twisisa

kuelewa

vutisa

kuuliza

yingisa

kusikiliza

nwana

kunywa

dyana

kula

basisa

nadhifisha

randza

upendo

sweka

mpishi

chayela

gari

haha

kuruka

tluta
meli

hlaya
kokotoa

hlaya
kusoma

hlaya
kujifunza

tirha
kazi

teka
kuoa

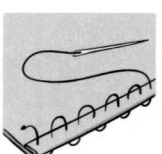

rhunga
kushona

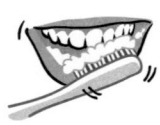

kuhlamba meno
piga mswaki

dlaya
kuua

dzaha
moshi

rhumela
kutuma

ndyanghu
familia

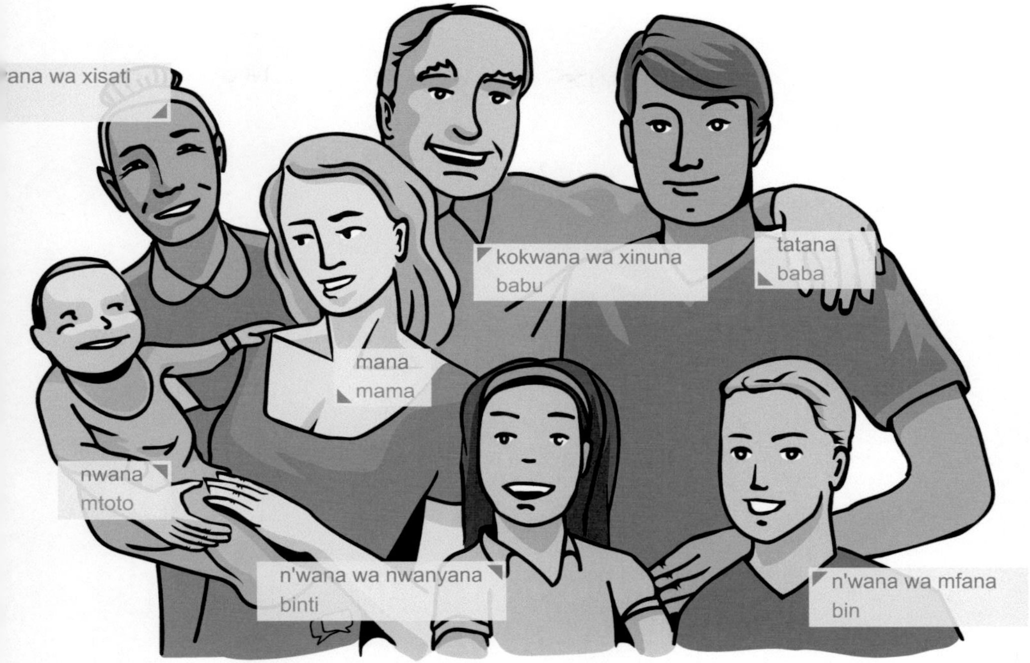

ana wa xisati
kokwana wa xinuna
babu
tatana
baba
mana
mama
nwana
mtoto
n'wana wa nwanyana
binti
n'wana wa mfana
bin

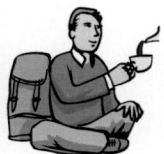

muendzi

mgeni

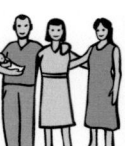

hahani

shangazi

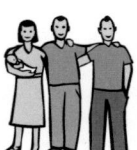

malume

mjomba

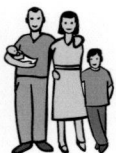

makwerhu

kaka

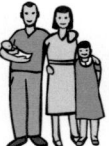

makwrhu

dada

miri

mwili

mombo
paji la uso
tihlo
jicho
katla
bega
ritiho
kidole
xikandza
uso
xilebvu
kidevu
voko
mkono
nenge
mguu
bele
matiti
voko
mkono

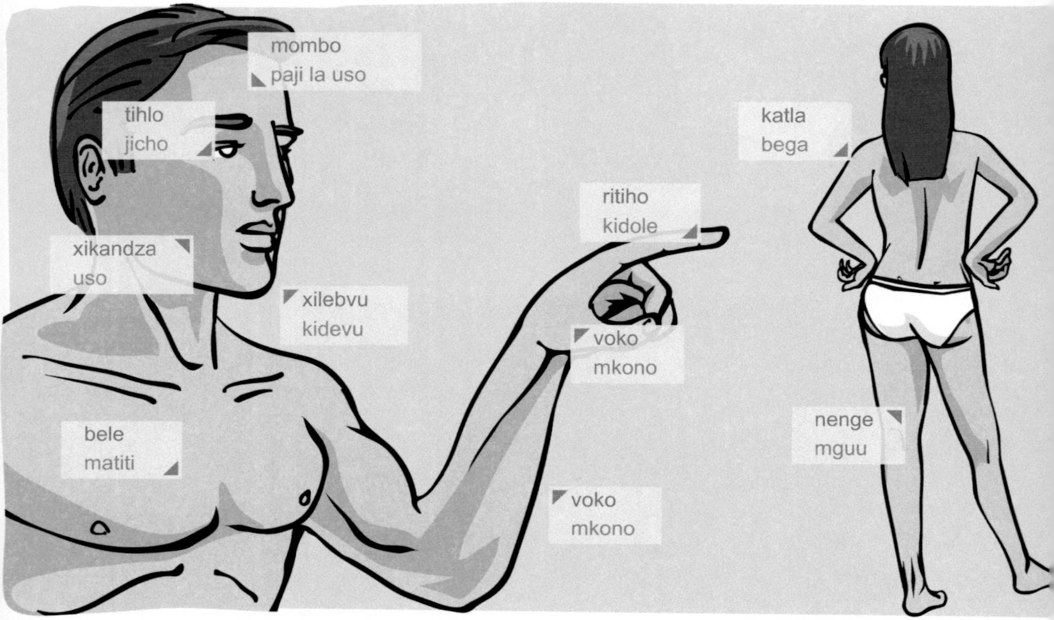

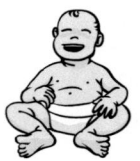

nwana

mtoto

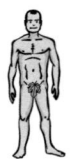

n'wanuna

mwanamume

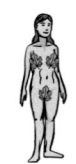

nw'ansati

mwanamke

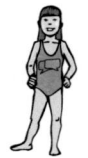

nhwanyana

msichana

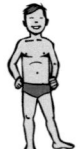

mfana

mvulana

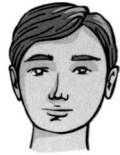

nhloko

kichwa

nhlana
nyuma

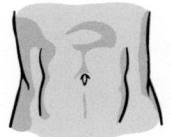

khwiri
tumbo

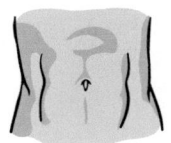

nkava
kitovu

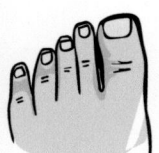

xikunwani
chano

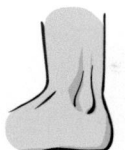

xirhenze
kisigino

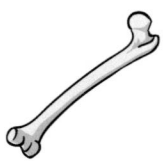

rhambu
mfupa

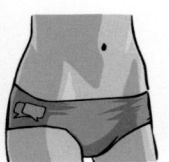

nyonga
nyonga

tsolo
goti

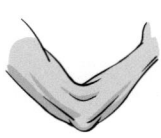

xikokola
kiwiko

nompfu
pua

xisuti
chini

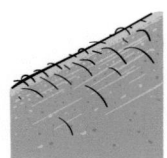

nhlonge
ngozi

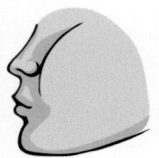

rhama
shavu

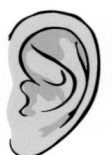

ndlebe
sikio

nomu
mdomo

nomu

kinywa

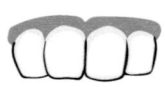

tinyo

jino

ririmi

ulimi

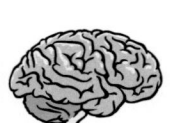

byongo

ubongo

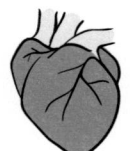

mbilu

moyo

nsiha

misuli

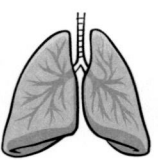

hahu

pafu

vixindzi

ini

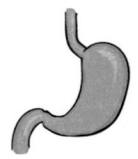

khwiri

tumbo

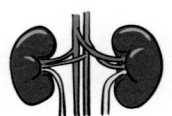

tinso

figo

masangu

jinsia

khondomu

kondomu

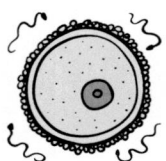

tandza

ovari

mbewu ya vununa

shahawa

nyimba

mimba

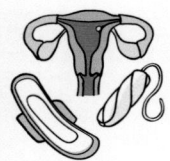

kuya enkarhini

hedhi

muhocho

uke

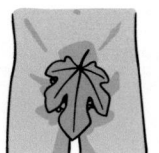

xiluma

uume

tinxiyi

unyusi

misisi

nywele

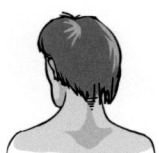

nhamu

shingo

xibedlhele

hospitali

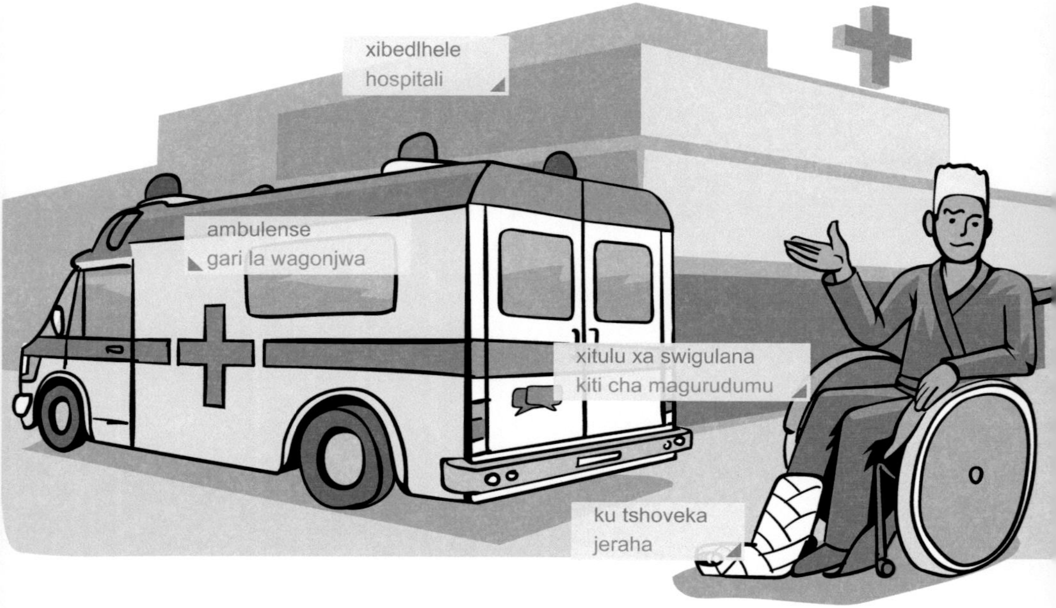

xibedlhele
hospitali
ambulense
gari la wagonjwa
xitulu xa swigulana
kiti cha magurudumu
ku tshoveka
jeraha

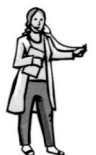

dokodela

daktari

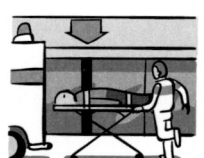

kamara ra xilamulela-mhango

chumba cha dharura

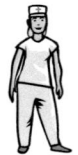

muongori

muuguzi

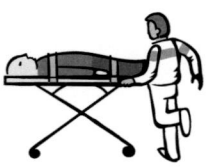

xihatla

dharura

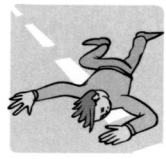

ku titivala

kupoteza fahamu

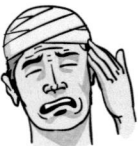

kuvava

maumivu

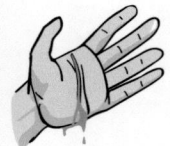

ku vaviseka

kuumia

mpfempfa ngati

kutokwa na damu

ku hlaseriwa himbilu

mshtuko wa moyo

ku oma swirho

kiharusi

rinyenyo

mzio

khohlola

kikohozi

xifumbu

homa

mukhuhlwana

mafua

nchuluko

kuharisha

ku pandza ka nhloko

maumivu ya kichwa

khensa

kansa

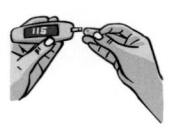

chukela

ugonjwa wa kisukari

dokodela

daktari mpasuaji

mukwana

kisu kidogo cha kupasulia

vuhandzuri

operesheni

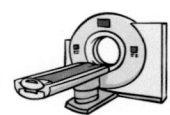

CT

picha changanufu ya mwili

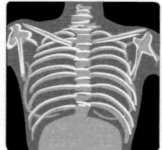

x-rheyi

Eksrei

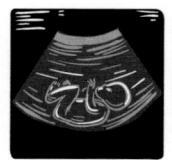

muchini wo yingisela
ntshuka-ntshuko

mawimbi sauti

xo tipfala tinhomfu

barakoa ya uso

vuvabyi

ugonjwa

kamara ro rindza

chumba cha kusubiri

nhonga

mkongojo

semendhe

plasta

bandhichi

bendeji

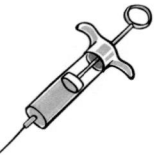

neleta

sindano

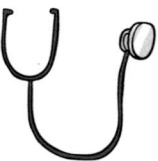

muchini wa madokodela wa
ku yingisa

stetoskopu

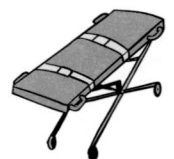

rihlaka

machela

xipima-mahiselo

kipimajoto cha kliniki

ku veleka

kuzaliwa

ku nyuhela

unene kupita kiasi

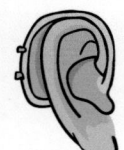

swipfuneta-ku-twa

kusikia misaada

khemikhale yo dlaya
switsongwatsongwana

kipukusi

switsongwatsongwana

maambukizi

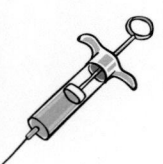

xitsongwatsongwana

virusi

HIV / AIDS

VVU / UKIMWI

miri

dawa

nayiti

chanjo

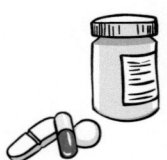

maphilisi

vidonge

pilisi

kidonge

riqingho ra xihatla

simu ya dharura

muchini wo kamba
nsusumeto wa ngati

haemodainamometa

vabya / hanya

mgonjwa / mwenye afya

Pfunani!

Msaada!

ku hlaseriwa

pigo

hlasela

shambulizi

khombo

hatari

nyangwa wo huma loko ku ri ni mhango

lango la dharura

bele

kengele

Ndzilo!

Moto!

xo tima ndzilo

kizima moto

mhangu

ajali

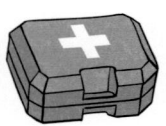

bokisi ra xilamulela-mhango

vifaa vya huduma ya kwanza

SOS

wito wa msaada

phorisa

polisi

Yuropa

Ulaya

Amerika N'walungu

Amerika ya Kaskazini

Amerika Dzonga

Amerika ya Kusini

Afrika

Afrika

Asia

Asia

Australia

Australia

Atlantic

Atlantiki

Pacific

Pasifiki

Lwandle-nkulu ra Indiya

Bahari ya Hindi

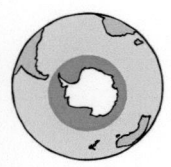

Lwandle-nkulu ra Antarctic

Bahari ya Antaktiki

Lwandle-nkulu ra Arctic

Bahari ya Aktiki

North Pole

Ncha ya Kaskazini

South Pole
Ncha ya Kusini

Antarctica
Antaktika

Misava
dunia

tiko
nchi

lwandle
bahari

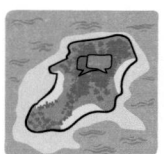

xihlala
kisiwa

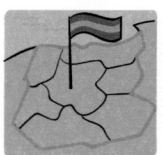

rixaka
taifa

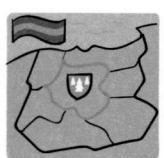

tiko
jimbo

xikomba nkarhi

uso wa saa

xikomba-tiawara

akrabu ya saa

xikomba-timineti

akrabu ya dakika

xikomba-tisekoni

akrabu ya sekunde

I nkarhi muni?

Ni saa ngapi?

siku

siku

nkarhi

wakati

sweswi

sasa

wachi leyi tshavatelaka

saa ya dijitali

minete

dakika

awara

saa

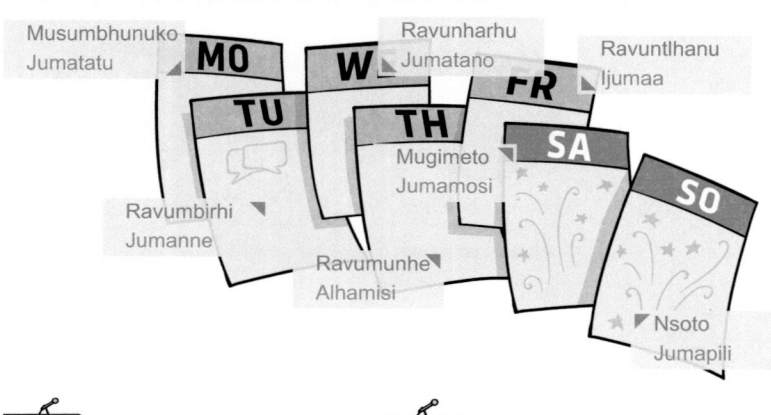

Musumbhunuko Jumatatu — MO
Ravunharhu Jumatano — W
Ravuntlhanu Ijumaa
TU
TH
FR
SA
Ravumbirhi Jumanne
Mugimeto Jumamosi
Ravumunhe Alhamisi
SO
Nsoto Jumapili

tolo

jana

namuntlha

leo

mundzuku

kesho

mixo

asubuhi

nhlekani

saa sita mchana

madyambu

jioni

masiku ya ntirho

siku za biashara

mahelo vhiki

mwishoni mwa wiki

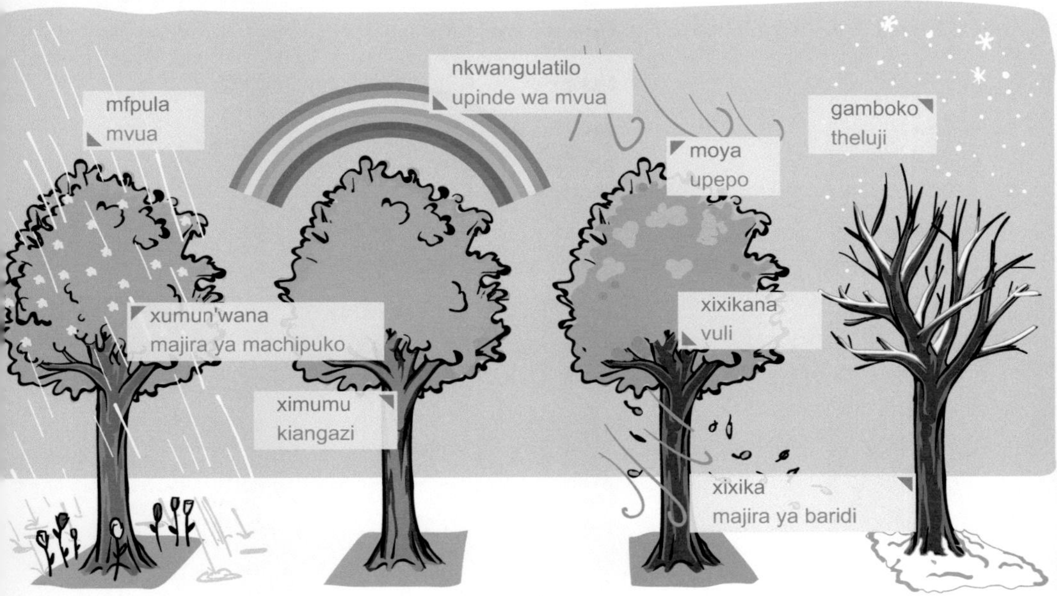

nkwangulatilo
upinde wa mvua

mfpula
mvua

gamboko
theluji

moya
upepo

xumun'wana
majira ya machipuko

xixikana
vuli

ximumu
kiangazi

xixika
majira ya baridi

vumbha tamaxelo

utabiri wa hali ya hewa

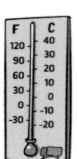

xipima-mahiselo

kipimajoto

dyambu

mwanga wa jua

papa

wingu

hunguva

ukungu

kutsakama

unyevu

rihati

umeme

dzindza-tilo

radi

xidzedze

dhoruba

xihangu

mvua ya mawe

mpfula

monsuni

ndhambi

mafuriko

ayisi

barafu

Sunguti

Januari

Nyenyenyana

Februari

Nyenyankulu

Machi

Dzivamusoko

Aprili

Mudyaxihi

Mei

Khotavuxika

Juni

Mawuwani

Julai

Mhawuri

Agosti

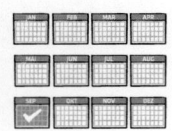

Ndzhati
....
Septemba

Nhlangula
....
Oktoba

Hukuri
....
Novemba

N'wendzamhala
....
Desemba

xirendzevutana
....
mduara

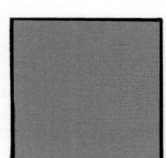

xikwere
....
mraba

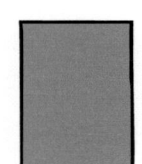

matlhelo ya mune
....
mstatili

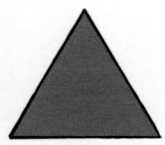

xivunguvungu xa tintlha
tinharhu
....
pembetatu

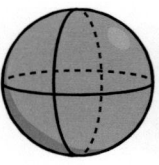

bolo
....
nyanja

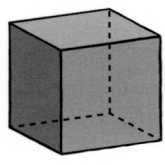

cube
....
mchemraba

rangi

basa

nyeupe

xitshopana

manjano

lamula

chungwa

tshwukanyana

rangi ya waridi

tshwuka

nyekundu

xigunguvungu

hudhurungi

wasi

bluu

rihlaza

kijani

buraweni

hanja

mpunga

jivujivu

ntima

nyeusi

swo tala / swi tsongo

mengi / kidogo

hlundzukile / rhurile

hasira / pole

sasekile / bihile

nzuri / mbaya

masungulo / makumo

mwanzo / mwisho

kulu / tsongo

kubwa / ndogo

vangama / munyama

angavu / giza

buti / sesi

kaka / dada

basile / chakile

safi / chafu

helerile / helelangiki

kamilika / tokamilika

siku / vusiku

siku / usiku

file / hanyaka

wafu / hai

pfulekile / pfalekile

pana / nyembamba

swa dyiwa / a swi dyiwi

kulika / kutolika

homboloka / lunghile

ovu / ema

tsakile / phirekile

sisimkwa / udhika

nyuhela / lala

nene / nyembamba

masungulo / makumo

kwanza / mwisho

mungana / nala

rafiki / adui

tele / hava

jaa / tupu

tiyile / olova

ngumu / laini

tika / vevuka

nzito / nyepesi

ndlala / torha

njaa / kiu

vabya / hanya

mgonjwa / mwenye afya

swi ngariki enawini / enawini

haramu / kisheria

tlharihile / xiphukuphuku

akili / kijinga

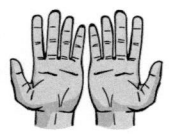

ximati / xinene

kushoto / kulia

akusuhi / kule

karibu / mbali

yintshwa / tirhisiwile

mpya / kutumika

hava / xin'wana

kitu / jambo

dyuharile / muntshwa

zee / changa

xarirha / xitimile

waka / zima

pfurile / pfariwile

wazi / fungwa

myerile / huwa

utulivu / kelele

fuwile / xisiwana

tajiri / masikini

swinene / bihile

sahihi / kosa

khwasha / reta

mbaya / laini

vaviseka / tsaka

huzunika / furahia

koma / leha

fupi /ndefu

hlwela / hatlisa

polepole / haraka

tsakama / oma

nyevu / kavu

kufumela / titimela

joto / baridi

nyimpi / kurhula

vita / amani

0

noto

sufuri

1

n'we

moja

2

mbirhi

mbili

3

nharhu

tatu

4

mune

nne

5

ntlhanu

tano

6

ntsevu

sita

7

nkombo

saba

8

nhungu

nane

9

nkaye

tisa

10

khume

kumi

11

khume n'we

kumi na moja

12
khume mbirhi

kumi na mbili

13
khume nharhu

kumi na tatu

14
khume mune

kumi na nne

15
khume ntlhanu

kumi na tano

16
khume ntsevu

kumi na sita

17
khumbe nkombo

kumi na saba

18
khume nhungu

kumi na nane

19
khume nkaye

kumi na tisa

20
makhume mambirhi

ishirini

100
dzana

mia

1.000
gidi

elfu

1.000.000
gidi ya magidi

milioni

Xinghezi

Kiingereza

Xinghezi xa Amerika

Kiingereza cha Marekani

Xichayina xa Mandarin

Kimandarini cha Uchina

Xihindi

Kihindi

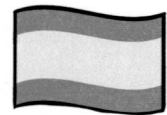

Xipaniya

Kihispania

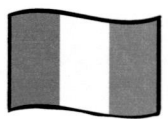

Xifurwa

Kifaransa

Xiarabu

Kiarabu

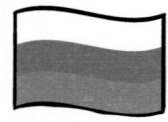

Xirhaxiya

Kirusi

Xiputukezi

Kireno

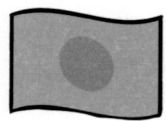

Xibengali

Kibengali

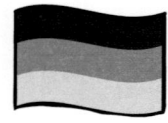

Xijarimani

Kijerumani

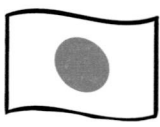

Xijapani

Kijapani

mina

mimi

wena

wewe

yena / yena / xona

yeye / yeye / ni

hina

sisi

n'wina

wewe

vona

wao

mani?

nani?

yini?

nini?

njhani?

jinsi gani?

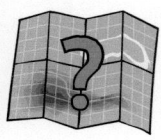

kwihi?

wapi?

rhini?

lini?

vito

jina

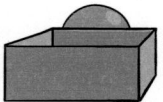

endzaku

nyuma

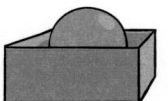

ahehla

katika

emahlweni a

mbele ya

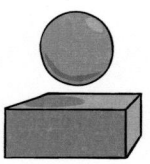

ahenhla ka

juu ya

eka

kwenye

ehansi

chini ya

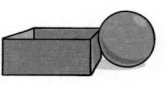

handle ka

kando

exikarhi ka

kati

ndhawu

mahali